Ein Buch über das Leben in all seinen Jahreszeiten, den Äußeren wie den Inneren, in kurzen, prägnanten Gedichten zusammengefasst, in klugen Reflexionen gespiegelt.
Die Stadt als Lebensraum, Beziehungen verschiedenster Couleur, Erlebnisse im und fern des Alltäglichen. Kaleidoskopartige Einblicke wechseln sich ab mit Folgen von episodenhaftem Charakter.

Überraschend, einprägsam, wunderbar zu lesen!

Lore Reich, geboren 1965 in Kiel, schreibt seit ihrer Jugend. Früher in unterschiedlichen literarischen Formen, seit vielen Jahren ausschließlich Gedichte.
„Vom Atemzug des Augenblicks" ist ihr zweites Buch.
Sie lebt mit ihrem Partner und zwei Katzen in Darmstadt.

Lore Reich

Vom Atemzug des Augenblicks

Gedichte

Bibliografische Information der Deutschen Nationalbibliothek:
Die Deutsche Nationalbibliothek verzeichnet diese Publikation in
der Deutschen Nationalbibliografie; detaillierte bibliografische
Daten sind im Internet über dnb.dnb.de abrufbar

Herstellung: BoD – Books on Demand, Norderststedt
ISBN 9783748191520

I.

Ergriffen

Vom Atemzug des Augenblicks

Tief eingesogen und
wieder ausgestoßen
Alle Sinne prall

Das Glück zu sein

Am Leben

Wir hangeln uns fort
von einem Atemzug
zum Nächsten

Wir bauen
auf Luft

Es hält
oder nicht

Überrascht

Und auch
und selbst auch
in der Stadt

Frühling
Fenster öffnen sich
und Türen

Jacken, Hemden
und
die Herzen

Über die Straße

Balkone brüsten sich mit Blumen
im Fenster gerahmt, ein Kind

Die fahrenden Autos betrachtend
mit demselben ernsten Staunen wie
ein Gänseblümchen

Im Park

Auf einer Bank
gesprächleises Geplätscher im Ohr
Der Himmel
von Magritte gemalt
Ein Jauchzen segelt quer

Kinder, Hunde und Vögel im Spiel
Spaziergänger
schön wie Blumen

Und ich?

Lasse meinen Augen Auslauf
und atme einmal
tief durch

Impression

Mädchen
die ihren Mund
wie eine fremde Frucht
noch ungekostet
tragen

Tulpen

Leuchtende Kelche voll
schwankend

Kaum haltend
die Farbe

Unverhofft

Sätze öffnen sich wie Türen
und mein Herz stolpert hinein
direkt in deins

So als hätten wir schon
von Kindheit an
Tür an Tür gewohnt

Herzgestüm

Das Gedings und Gedöns
in der Brust
Jede Menge Gedöns
in der Brust
Regt sich auf, regt sich ab

Vorwärts, vorwärts ungestüm
Oh - in die Hose gerutscht
das Sensibelchen
Kapriolenkönig, schlägt Purzelbäume

Ja, ja
das mit dem Bändel dran
an dem man ziehen kann

Ding-Dong!

Alles

Ich will mehr als das tägliche Brot
Ich will mehr als ein sicheres Bett

Will den Schaum aller Tage am Mund
Will den Puls heller Nächte im Blut

Will den Atem schnappend im Bauch
Doch das Brot und das Bett will ich auch!

Was wird wenn

Noch wohnt die Hoffnung im Haus
und die Erfahrungen spielen im Hof
Hinten im Garten wuchern Träume
brombeerrankengleich

Was wird sein wenn
die Erfahrung die Hoffnung
enttäuscht hat

Stürze ich mich dann
vom Dach?

Katzenbusiness

Beim Spiel versunken
im Schlaf entspannt
Das Essen verschlungen
den Tag schnell verrannt

Die Träume voll
mit flüchtenden Mäusen
Vielleicht jucken kurz
die Bisse von Läusen

Feiertag (inoffiziell)

Ich begehe den Tag
auf meine Weise

Ich kleide mich an
mit Bedacht

Ich wähle
die Farben der Blüten

Ein Sonntag vom Feinsten

Liste gemacht

Was alles getan werden muss

Eine Menge getan

Nichts
von der Liste

Kuchenzeit

Unter der Decke aus Sahne
rot gewölbte kleine Bäuche
saftige Versprechen

Die Köstlichkeit hält Hof
und wir sind Ehrengäste

Verblüht

Tulpenflügel
wie vom Wind verdreht

Schon bereit
und doch
fehlt zum Fliegen noch
der allerletzte Mut

Flüchtig

Zeit fliegt
ein Vogel mein Leben
kaum komme ich
hinterher

Intim

In Mondscheinpapier gehüllte Haut
dein Geschenk
an mich

II.

BewegungmitundohneFort

Ein - Aus
Ein - Aus

Wobinich
undwobeginnt
dieWelt

Ein - Aus
Ein - Aus

Lebenslanges Rätsels
wunderbarer Tanz

Beschäftigt

Es ist heiß

Ich liege und schwitze

Zeit staut sich voran

Es ist heiß

Ich liege und schwitze

Ich finde

Ich rieche gut

Auszutragen

Die faulen Tage
die absichtslosen Stunden
sie tragen ihre Früchte
später gerne

Feiertag 2 (inoffiziell)

Ich begehe den Tag
auf meine Weise

Ich kleide mich aus
mit Bedacht

Ich wähle
den Schatten der Sonne

Stubentiger

Bei Sonnenaufgang
schon auf der Pirsch
- Die Pfanne

Als der Mensch günstig stand
um die Ecke gespäht
- Die Pfanne

Aus taktischen Gründen
im Sessel gedöst
- Die Pfanne

Die Deckung verlassen
in die Küche gehuscht
die Pfanne, das Prachtstück
noch unabgespült
porentief rein hinterlassen

Waidmannsheil
an einem Sonntagvormittag!

Auf einen Vorwurf

Ich zieh mir diesen Schuh nicht an!

Ich pfeif auf diesen Latschen
den man mir hinhält so
als wär es meiner!

Das alte Ding
so abgenutzt
so nicht mein Stil

Und wenn ihr tobt
Und wenn ihr schreit

Ich zieh mir diesen Schuh nicht an!

Vom Mythos der Solidarität

Aufgewacht
viel zu lange, viel zu freundlich
Mich täuschen lassen

Viele tun es, Frauen schon
im Grundschulalter
Giftiges Getuschel während
von Angesicht zu Angesicht
Falsche Freundlichkeiten fallen

Die kleine Intrige am Arbeitsplatz
Auch du, meine Schwester
Brutus!

Hitzig

Der Lack der Zivilisation ist ab

Ich bin ein wehrhaftes kleines Tier

Ich beiße kratze schlage
die Farbe von Blut im Blick

Denn immer geht es um

Leben und Tod
Leben und Tod

Mobbing

An meinen Grundmauern wird gerüttelt
sie testen die Fundamente
Rufen Erinnerungen wach

Falsche Schlangen
schlagen ihre Zähne in alles
Doch
sie unterschätzen mich

Sie wissen gar nicht
mit wie wenig Freundlichkeit
Ich leben kann

Krise

Mit ruhiger Hand ordne ich
meine Gedanken
Ein Kindergarten- mein Kopf

Alle schreien durcheinander
„Halt!" - rufe ich
„Stop!" - sage ich

„Einer nach dem Anderen
Der Reihe nach aufstellen
Das Wichtigste zuerst"

Position

Mein Nein
frisch ausgesprochen
steht stolz im Raum

Steht stolz im Raum
und lässt die Muskeln spielen

„Kommt her, kommt her
Ich bin bereit
Ich sage
Nein !"

Trost

Geborgen im Gedicht
geschützt und daheim

In die Worte gekuschelt
wie in das weichste Kissen

Im Urlaub

Ich strecke mich aus in der Zeit
der Unendlichen
und gebe vor
Ich sei es auch

Ich treibe mich quer durch den Tag
den Faulen
und bin es
Von Kopf bis Fuß

Ich sehe mich um in der Welt
der Unvertrauten
und werde
Neugeboren

Am Meer

Ich
dein Kind
demütig am Strand

ans Ufer gekrochen vor
langer Zeit

Mein Fischherz klopft

Wann willst du mich
zurück?

Der kleinste Teil

Am Strand leben
im Sand wohnen
die Farben des Himmels als Haus

Mit den Steinen liegen
in die Weiten träumen
eine Sonne zieht vorbei

Nachts die Sternenrätsel lösen
tief im Himmelbett versinken
als kleinster Teil von allen

für J.K.

Lecker

Die Tage schmecken gut
nach Erdbeereis und Melone
nach Oliven und rotem Wein

Und auch
und nicht zuletzt
und nicht nur in der Nacht
nach dir

Ile d`Oleron

Hier ist auch der Regen schön
kommt in dunklen Wolkenplatten tief
tief übers Land

Selbst die Möwen
sprechen leise

Erholt

Ich sah am Strand
einen Schmetterling
der lungerte herum

Da wusste ich
es ist
ein Schmetterlung

Abreise

Wir treten den Rückzug an
die Zeit gewinnt das Gefecht

Es kommt
Muschel zu Muschel
Stein zu Stein

Alles wiegt schwer
auch
die Erinnerung

Zurück

in der Stadt
in der man
vergisst dass
anderswo
ein Mond durch Wolken zieht und
kleine Vögel unterm Efeu schlafen

Zurück
in der Stadt
in der man
vergisst dass
anderswo
ein Meer an Ufer schlägt und
in der Tiefe Farben leuchten

Zurück
in der Stadt
in der man
das Beste
vergisst

Wehmütig

Urlaubsbilder
aufgeladen mit
Bedeutung

Geschichten
blättern sich auf
Erinnerungen

Schwebend
im Raum

III.

Ahnung

Auf einer Bank
die Augen geschlossen

Septembersonne tanken
Alle Zellen golddurchwirkt

Prall
Leuchtend

Halten nicht stand
dem Winter

Feiertag 3 (inoffiziell)

Ich begehe den Tag
auf meine Weise

Ich kleide mich an
mit Bedacht

Ich wähle
die Farben der Bäume

Spaziergang mit …

Du kannst doch nicht
hinter jedem Zaun stehen und winken
dich gibt es doch
gar nicht mehr

Du kannst doch nicht
an jeder Ecke lauern und grinsen
ich weiß gar nicht
was du von mir willst

Du kannst mich doch
nicht um und umwerfen
wer ist denn hier
Herrin im Haus?

Zug der Kraniche

Der Himmel schwarz
vor Hieroglyphen
ein ganzer Schwarm Gedichte

Landen auf freiem Feld
rasten am fremden Ufer
schlafen traumlos fest

Brechen auf
zu neuen Versen
früh am nächsten Tag

auf dem Darß

Komm, komm, komm

Lass uns über die Felder laufen wie Kinder
lass uns uns auf dem Boden wälzen und schrein
lass uns den Himmel erklimmen mit einer Leiter
und purzelbaumabwärts hinunter rollen.

Lass uns atemlos werden und schnaufen
lass uns schweigend zu Boden knallen.
Komm, komm, komm mein Geliebter
lass uns lachend ins Leben fallen!

für T.

Die Katze der Dichterin

kaut versunken an Stiften
liegt leger quer auf Schriften
hängt von Bücherstapeln mit Wonne
und nimmt täglich ihr Bad
unter der Schreibtischlampensonne

Gegenüber

In dein Gesicht
hat schon die Zeit gemalt
mit feiner Feder
hat schon ein Bild gemalt
von dir

Vielleicht nicht Eines
dass du wählen würdest
so unbeirrbar
spricht es nun
zu mir

Was immer du
mich glauben lassen möchtest
für mich
enträtselt sich dein Leben
hier

Stoff

Die kleine Kiste Dasein
aus der die Themen quellen
das ramponierte Ding

So sehr geliebt

Montagmorgen

Lawinengleich stürzt diese Woche
die Welt ist aus den Fugen
Die Pläne fort
der Mut erschöpft
schon nach dem ersten Tag

Diagnose

Hartes Brot
Nicht zu kauen

Morgens
Mittags
Abends

Nicht zu kauen

Morgens
Mittags
Abends

Im Hospiz

Wir kamen ungerufen
Wir kamen alle

Es gab nur einen Stuhl
in ihrem Zimmer

Ein Stuhl
und soviel Abschied
zu nehmen

Mit fremden Freunden
saßen wir
auf dem Flur
still in Reihe

Kein Wunder kam

Kein Wunder kam
nicht für sie
und nicht für uns

Schwer nur ließen wir los
schwer ist sie gestorben
so viele Jahre unbenutzt

Wir hangeln uns fort

Atemzug für Atemzug

in Erinnerung an Ritchi

Blattgold

Der Buchenwald
so prächtig im Verfallen

Hier sind die wahren Kathedralen
geschmückt in Gold

Hier wird der Gottesdienst gehalten

Vom Werden und Vergehn
Vom Werden und Vergehn

Von oben

mein Lebenswurm
im Staub
zart, tapfer
unwissend wann

über ihm
das Schicksal
zu kreisen
beginnt

Am Klavier

Er flutet mich
Er flutet mich mit Tönen

Dunkles Treiben
Irren und Vertun
Helles Strahlen, Ecken
plötzlich und verquer im Raum

Stimmen tönen
Stimmen rufen
finden mich

Michael Wollny gewidmet

Rache

In deinen Schluchten gehen sie
die Kindeskinder der Erbauer

Mit der Familie leben sie
zwischen den Mauern in
Resten von Grün

Generationenlang
haben sie dich groß gemacht

Jetzt machst du sie
winzig

New York City

On the sunny side

Auf dem Sofa gelegen
Marathon geguckt

Mein Atem geht ruhig

Leben ist wunderbar

Das kleine Fenster Entscheidung
steht weit offen

Novemberblumen

Dieser Strauß bunter Dächer
aufgeblüht im Regen
Wie sie auf den Straßen tanzen!

Menschen machen
wohlbeschützte Gänge

ein Jeder unter seinem
eine Jede unter ihrem
Blütenschirm

Auszeit

Ich sinke in den Tag
wie in ein weiches Kissen
Es regnet heut in Strömen
ich werde nichts vermissen

Es gibt nichts zu verpassen
wie herrlich ist denn das
Die Tage, diese Nassen
ich liebe so etwas!

Den ganzen Tag verbummeln
die Hose bleibt bequem
sich tief in Schränken tummeln
und nickern, angenehm

Es gibt nichts zu versäumen
die Welt, die hat jetzt zu
Ich kann in Ruhe träumen
mit mir auf du und du!

IV.

Formvollendet

Die Stadt steht still
in Samt gehüllt

Der Schnee eint alles

Die Stadt steht still
in Samt gehüllt

Fremde Leute lächeln
Fremde Leute grüßen

Der Schnee eint alle

Lemminge

Hasten, Hetzen, Hecheln
Suchen, Seufzen, Zahlen
und Schleppen, Schleppen
nach Haus

Waschen, Wischen, Wienern
Kramen, Kriechen, Kruscheln
und Suchen, Suchen
den Baum

Kochen, Backen, Schmücken
Essen, Trinken, Singen
und Stürmen, Stürmen
zur Klippe

Stolpern, Straucheln, Stürzen,
satt und erwartungsfroh
in den familiären Abgrund

Fröhliche Weihnachten!

Feiertag 4 (inoffiziell)

Ich begehe den Tag
auf meine Weise

Ich sehe mich um
mit Bedacht

Ich wähle
Gedanken der Einkehr

Spiralen

Die Weiße
Die Rote
Die Schwarze

Drei Frauen werd ich sein
Drei Leben werd ich haben
Drei Farben sind zu tragen

Bis auch das letzte Kleid
verschlissen

für Eva

Bitter

Ein Treffen im Cafe,
wie immer.

Wir reden,
unterhalten uns.

Du siehst mich nicht
wirfst das Geschenk weg
das ich sein kann
gehst im Gespräch
an mir vorbei

Vorbei.

Einsamkeit
fällt auf mich
wie Regen

Bekenntnis

Ich bin Eine von Denen
die Nichts zu kauen haben
Als ein Gedicht

Ich bin Eine von Denen
an Denen nichts haften will
Als das Gedicht

Ich bin Eine von Denen
die Nachts untröstlich sind
Ohne Gedicht

Eine von Denen
Ich bin Eine von Denen

Balance

Den Grad ausloten
wann
das Schiff kippt
und
wann
es genau
auf dem Kiel
steht
in der Luft
steht
und fährt
zwischen
Frage und Antwort
hin und her
so
dass ich es
schicken kann
Fort
in die Welt

Kraftakt

Ich horte Zeit
ich sammle jeden Krumen

Verstehe nicht
versorge nicht
bin schroff
und unzugänglich

Verteidige mein Leben
mein einzig bisschen Eigen

den Frauen gewidmet

Herzenswunsch

Schreiben
als wären die Worte
gerade
frisch geschlüpft

Zuhause

Die Heimatlosen, Unbehausten
sie finden ihren Platz
in einem Buch vielleicht
vor einem Bild vielleicht
an einer Bühne

Da sitzen sie
wie unter Freunden
lang Vertrauten
Da sitzen sie

Zuhause

Abkehr

Ich sehe so gerne
den Pflanzen beim Wachsen zu
Wie neue Blätter
sich behutsam entfalten

Ich sehe so gerne
den Katzen beim Schlafen zu
Und wenn sie sich putzen
in graziösen Gestalten

Ich sehe nicht gerne
der Erde beim Sterben zu
Wie der Mensch tötet
und selber verreckt

Ich sehe dann lieber
den Wolken beim Wandern zu
Und wie der Schnee fällt
und alles bedeckt

Anders

Da wo euch Horn wächst
da hab ich Haut
Da wo ihr blind seid
da trag ich Augen
Da wo ein Stein sitzt
da schlägt mein Herz

Kann kaum leben
in eurer Welt

Selbstporträt

Ich bin zart
zart und wild

Und mit einem Ohr
Anderswo

Gute-Nacht-Geschichte für Dichter

Den schmerzenden Kopf betten
in fruchtbare Erde
ruhen
schlafen
viele Jahre lang
die Wörter aus den Ohren wachsen lassen
träge Triebe
viele Jahre lang

Nichts weiter

Versunken

Ich verbringe den Tag
in einem Buch

Ich schlüpfe
in fremde Häute
Verkoste
ein neues Leben

Und finde am Abend
nur mühsam
nach Haus

Das Berghotel

Ihr Haus ein Hort
der Freundlichkeit umstellt
von schroffen Bergen die sie
auf Abstand hält mit
Zimmern voller Nippes und
mit ihrer Sorge

Alle werden sie
Familie

Am Gipfel

Näher
kann man dem Himmel nicht kommen

Weiter
kann es um einen nicht sein

Der Mensch
streichholzzart
unter dem zeitlosen Blau

in der Haute Savoie

Auf eine Frage

Dichten ist atmen

Welt ein
Welt aus

so leicht

Nachwort

Ermutigung (an meine Gedichte)

Ich gebe dich frei, Kleines

Flieg fort
und sei bitte nicht traurig
wenn dich jemand nicht mag

Du musst dann da
nicht bleiben!

Vorschau

Clever

An langen Fensterwintertagen
die Katze schaut hinaus
und gähnt

Sie wartet auf den Frühling

Sie nutzt die Zeit

Die Katze
ruht sich aus

Anmerkungen

zu *BewegungmitundohneFort*:

Das Gedicht entfaltet seine volle Wirkung, wenn man
beim Lesen der 1. und 2. Zeile, sowie der 6. und 7. Zeile
jeweils ein- beziehungsweise ausatmet und im Körper
der inneren Bewegung nachspürt.

zu *Alles:*

In der 3. Zeile spiele ich auf „Der Schaum der Tage" von
Boris Vian an, ein Buch voller Verrücktheit und Emotion.

zu *Kein Wunder kam:*

Gemeint sind Regina Wilhelmine Maria Wupper,
11.2.1960 - 20.10.2013
und auch ihr Mann Yves Ker Ambrun,
4.10.1954 - 6.12.2017, Nachbarn und Freunde.

zu *Spiralen:*

Gemeint ist Eva Beyse-Jentschura,
18.11.1928-11.6.2016, eine Freundin.

Inhaltsverzeichnis

Vom Atemzug des Augenblicks

I.

II.

III.

IV.